¡Conocimiento a tope!
Tiempo tecnológ

Energía en todas partes

Cynthia O'Brien
Traducción de Pablo de la Vega

CRABTREE
PUBLISHING COMPANY
WWW.CRABTREEBOOKS.COM

Objetivos específicos de aprendizaje:

Los lectores:

- Identificarán tipos y fuentes de energía.
- Entenderán la diferencia entre fuentes renovables y no renovables de energía.
- Identificarán las ideas principales del libro—que la tecnología nos ayuda a recolectar energía, y que la energía renovable es mejor para el medio ambiente— y los argumentos que las respaldan.

Palabras de uso frecuente (primer grado)	Vocabulario académico
de, del, dentro, esta(s), hacer, puede(n)(s), que, usa(mos)(n)(r), viene	combustible, electricidad, energía, fuente, renovable, tecnología

Estímulos antes, durante y después de la lectura:

Activa los conocimientos previos y haz predicciones:

Pide a los niños que se pongan de pie. Diles que actúen lo que significa tener mucha energía.

Ahora pregúntales cómo se ve no tener energía. Dales unos segundos para demostrar cada idea.

Pide a los niños que expliquen qué es la energía. Acepta todas las respuestas y luego resúmelas definiendo la energía como el poder para hacer que las cosas se muevan, funcionen y crezcan. Luego pide a los niños que te digan qué piensan que aprenderán de un libro titulado *Energía en todas partes*.

Durante la lectura:

Después de leer las páginas 8 y 9, pide a los niños que expliquen lo que es una fuente de energía renovable. Pídeles que den ejemplos de fuentes renovables y de las que no lo son. ¿Cuál piensan que sería mejor para el medio ambiente?

Después de la lectura:

Pide a los niños que creen tarjetas de salida que capturen lo que aprendieron. Entrégales fichas o pedazos pequeños de papel. Diles que deberán escribir las respuestas a estas tres preguntas, que puedes anotar en la pizarra:

- ¿Qué conocimiento nuevo aprendiste?
- ¿Cuál piensas que fue el hecho más interesante?
- ¿Cómo puedes usar lo que aprendiste en tu propia vida?

Author: Cynthia O'Brien

Series development: Reagan Miller

Editors: Bonnie Dobkin, Janine Deschenes

Proofreader: Melissa Boyce

STEAM notes for educators: Bonnie Dobkin

Guided reading leveling: Publishing Solutions Group

Cover and interior design: Samara Parent

Photo research: Samara Parent

Print coordinator: Katherine Berti

Translation to Spanish: Pablo de la Vega

Edition in Spanish: Base Tres

Photographs: Alamy: Avalon/Construction Photography: p. 21; Shutterstock: Legenda: p. 8; N. Antoine: p. 10; Juan Enrique del Barrio: p. 20; All other photographs by Shutterstock

Library and Archives Canada Cataloguing in Publication

Title: Energía en todas partes / Cynthia O'Brien ; traducción de Pablo de la Vega.
Other titles: Energy everywhere. Spanish
Names: O'Brien, Cynthia (Cynthia J.), author. | Vega, Pablo de la, translator.
Description: Series statement: ¡Conocimiento a tope! Tiempo tecnológico | Translation of: Energy everywhere. | Includes index. | Text in Spanish.
Identifiers: Canadiana (print) 20200300784 | Canadiana (ebook) 20200300792 | ISBN 9780778784203 (hardcover) | ISBN 9780778784326 (softcover) | ISBN 9781427126573 (HTML)
Subjects: LCSH: Power resources—Juvenile literature. | LCSH: Force and energy—Juvenile literature.
Classification: LCC TJ163.23 .O2718 2021 | DDC j333.79—dc23

Library of Congress Cataloging-in-Publication Data

Names: O'Brien, Cynthia (Cynthia J.), author. | Vega, Pablo de la, translator. | O'Brien, Cynthia (Cynthia J.). Energy everywhere.
Title: Energía en todas partes / Cynthia O'Brien ; traducción de Pablo de la Vega.
Other titles: Energy everywhere. Spanish
Description: New York : Crabtree Publishing Company, [2021] | Series: ¡Conocimiento a tope! Tiempo tecnológico | Includes index.
Identifiers: LCCN 2020034135 (print) | LCCN 2020034136 (ebook) | ISBN 9780778784203 (hardcover) | ISBN 9780778784326 (paperback) | ISBN 9781427126573 (ebook)
Subjects: LCSH: Power resources--Juvenile literature.
Classification: LCC TJ163.23 .O2718 2021 (print) | LCC TJ163.23 (ebook) | DDC 621.042--dc23

Printed in the U.S.A./102020/CG20200914

Índice

Crabtree Publishing Company
www.crabtreebooks.com   1-800-387-7650

Published in Canada
Crabtree Publishing
616 Welland Ave.
St. Catharines, Ontario
L2M 5V6

Published in the United States
Crabtree Publishing
347 Fifth Ave
Suite 1402-145
New York, NY 10016

Published in the United Kingdom
Crabtree Publishing
Maritime House
Basin Road North, Hove
BN41 1WR

Published in Australia
Crabtree Publishing
Unit 3 – 5 Currumbin Court
Capalaba
QLD 4157

Energía en todas partes

No puedes verlo, pero la **energía** está en todas partes. Necesitamos energía para todo lo que hacemos.

Una tostadora usa energía para producir el calor necesario para tostar el pan.

La energía hace que esta lámpara brille en la oscuridad.

¿Usas un computador en la escuela o para ver videos? Necesita energía para encenderse.

¿Qué es la energía?

La energía es la fuerza necesaria para hacer que las cosas funcionen, se muevan o crezcan. Un foco necesita energía. ¡Tú también! Tu cuerpo obtiene su energía de lo que comes.

Un cometa usa la energía del viento para volar alto en el cielo.

Esta licuadora usa energía **eléctrica** para hacer un batido de frutas.

Usamos energía térmica para cocinar nuestra comida.

Tipos de energía

La energía viene de muchas **fuentes** distintas. Algunas fuentes son **renovables**. No se acaban. Otro tipo de fuentes no pueden ser usadas más de una vez. Son no renovables.

Hay energía que proviene de **combustibles** como el carbón, el gas y el petróleo. Estos combustibles dan energía a autos, trenes y aviones. Sin embargo, una vez que estos combustibles son usados, dejan de existir para siempre.

La energía también puede obtenerse del viento, el agua y el Sol. Este tipo de energía es renovable. La energía renovable es mejor para la Tierra.

Energía y tecnología

La tecnología es cualquier cosa que la gente crea para hacer la vida más fácil, segura y divertida. Algunas nuevas tecnologías nos ayudan a usar energías que son mejores para la Tierra.

La mayoría de los camiones, autos y trenes usan petróleo y gas para moverse. Estos combustibles **contaminan** el aire.

Las nuevas tecnologías pueden crear combustibles más limpios, hechos de plantas como la canola (arriba). Estos combustibles pueden ser usados en nuevos tipos de autos y motores.

Usando energía solar

La tecnología puede ayudarnos a usar la energía del Sol. Esta energía puede mantener una casa caliente y hacer que sus luces brillen.

Estos grandes **paneles** almacenan la energía del Sol y la convierten en electricidad.

Las lámparas como esta almacenan energía del Sol durante el día. Esa energía las enciende en la noche.

Esta **batería** almacena energía del Sol. Luego da energía al teléfono.

Usando energía eólica

Los molinos de viento son una tecnología usada para almacenar energía del viento, o eólica. Esta energía es convertida en electricidad.

En las granjas usaban molinos de viento viejos, como este.

Un molinete es una especie de molino de viento pequeño. Gira cuando soplas en él.

Los grandes molinos de viento que se usan hoy en día son llamados aerogeneradores. Pueden medir cientos de pies de altura.

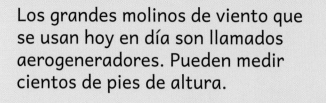

aerogenerador

Para crear mucha energía, la gente construye campos eólicos con muchos aerogeneradores.

Usando energía de la Tierra

El interior de la Tierra es muy caliente.
El calor produce agua caliente y vapor.
Ambas son fuentes de energía.

A veces, el agua caliente y el vapor salen con gran fuerza desde dentro de la Tierra.

Los edificios que se llaman **centrales eléctricas** usan el agua caliente de la Tierra para producir electricidad.

A través de tubos se puede traer calor de dentro de la Tierra para mantener las plantas calientes dentro de un invernadero.

Usando energía hidroeléctrica

El agua es otra fuente de energía. Las centrales hidroeléctricas convierten en electricidad el agua que fluye o cae.

El agua que fluye en un río tiene mucha energía.

Presas grandes como esta almacenan agua y luego la dejan salir. La fuerza del agua que sale es convertida en electricidad.

La fuerza de las cascadas también puede ser usada para producir electricidad.

Buena para el planeta

Las fuentes de energía renovable son las mejores para el planeta. No contaminan el medio ambiente. Nunca se acaban.

La gente está trabajando duro para crear tecnologías más amigables con la Tierra. Esta estación de carga tiene paneles que almacenan energía del Sol. Esta energía se usa para cargar autos eléctricos con electricidad.

Tecnologías como los aerogeneradores, las baterías y las centrales eléctricas e hidroeléctricas nos ayudan a usar energías renovables. Es nuestra responsabilidad elegir el uso de energía que viene de fuentes renovables.

aerogenerador

Los dueños de estas casas usan pequeños aerogeneradores para producir electricidad de la energía del viento.

Palabras nuevas

batería: sustantivo. Un objeto que provee de electricidad.

centrales eléctricas: sustantivo. Edificios con máquinas dentro que generan energía.

combustibles: sustantivo. Materiales que son quemados para producir calor o energía.

contaminan: verbo. Que ensucian o hacen inseguro algo.

eléctrica: adjetivo. Un tipo de energía.

energía: sustantivo. La fuerza que hace que las cosas se muevan, funcionen y crezcan.

fuentes: sustantivo. De donde algo viene.

paneles: sustantivo. Piezas delgadas y planas.

renovables: adjetivo. Que pueden ser usadas de nuevo.

Un sustantivo es una persona, lugar o cosa.

Un verbo es una palabra que describe una acción que hace alguien o algo.

Un adjetivo es una palabra que te dice cómo es alguien o algo.

Índice analítico

Sobre la autora

Cynthia O'Brien ha escrito muchos libros para jóvenes lectores. Es divertido ayudar en la creación de una tecnología como el libro. Los libros pueden estar llenos de historias. También te enseñan acerca del mundo que te rodea, incluyendo otras tecnologías, como los robots.

Para explorar y aprender más, ingresa el código de abajo en el sitio de Crabtree Plus.

www.crabtreeplus.com/fullsteamahead

(página en inglés)

Tu código es:
fsa20

Notas de STEAM para educadores

¡Conocimiento a tope! es una serie de alfabetización que ayuda a los lectores a desarrollar su vocabulario, fluidez y comprensión al tiempo que aprenden ideas importantes sobre las materias de STEAM. *Energía en todas partes* ayuda a los lectores a identificar la idea principal del libro y dar ejemplos de tipos de energía y de las tecnologías que las aprovechan. La actividad STEAM de abajo ayuda a los lectores a expandir las ideas del libro para el desarrollo de habilidades tecnológicas, científicas y de lengua y literatura.

Capturando el Sol

Los niños lograrán:
- Listar formas de obtener energía del Sol.
- Explicar cómo la tecnología nos ayuda a captar la energía del Sol.
- Construir un horno solar simple siguiendo instrucciones.

Materiales
- Hoja de instrucciones para construir un horno solar.
- Platos de papel e ingredientes para bocadillos (por ejemplo: totopos y queso para hacer nachos, o guarniciones para s'mores).
- Materiales para hacer un horno solar: caja de zapatos, envoltura de aluminio, papel negro o cartulina delgada, envoltura plástica, cinta adhesiva, pegamento en barra, regla, palitos para mantener abierta la caja.

Guía de estímulos
Después de leer *Energía en todas partes*, pregunta a los niños:
- ¿De qué fuentes proviene la energía?
- ¿Cuáles son algunas de las maneras en las que usamos la energía?
- ¿Cómo nos ayuda la tecnología a usar energía?

Actividades de estímulo
Pide a los niños que lean las páginas 12 y 13 y repasa las formas como es usada la energía del Sol. Di a los niños que otro nombre para la energía del Sol es «energía solar». Recuérdales que la tecnología nos ayuda a capturar la energía del Sol.

Diles que tendrán la oportunidad de hacer su propia tecnología solar: un horno solar. ¡También podrán prepararse un bocadillo!

Entrégales la hoja de instrucciones. Recuérdales que al seguir las direcciones, deben leer todos los pasos primero para saber si los entienden. Dales tiempo para leer las instrucciones y hacer preguntas.

Divide a los niños en grupos de 3 o 4 y entrégales los materiales. Dales tiempo para que construyan el horno. Muestra cada paso enfrente de toda la clase. Cuando hayan terminado, lleva los hornos a un lugar soleado. Da a cada equipo ingredientes para el bocadillo que prepararán. Nota: cocinar la comida puede tomar de 15 a 30 minutos.

Extensiones
Pregunta a los niños si pueden adivinar las razones para usar los materiales que utilizaron. Algunas preguntas para motivarlos son: ¿Por qué usamos aluminio? (refleja el calor del Sol). ¿Qué hace el papel negro? (absorbe el calor). ¿Por qué usamos envoltura plástica? (mantiene el calor dentro de la caja).

Para ver y descargar la hoja de trabajo, visita **www.crabtreebooks.com/resources/printables** o **www.crabtreeplus.com/fullsteamahead** (páginas en inglés) e ingresa el código **fsa20**.